Dédié aux Parisiens

REFORME POLITIQUE FONDAMENTALE

GOUVERNEMENT

PERPÉTUEL

et

CONCILIATION OU FUSION GÉNÉRALE

PAR

NOEL, Citoyen français.

N° 1. — PRIX : 30 C.

En vente chez tous les Libraires

LES ÉCRITS DU CITOYEN NOEL

en voie de publication par N° d'ordre, la Préface exceptée.

VENTE EN GROS

Bureau des Journaux, rue Tupin, 34, Lyon

1873

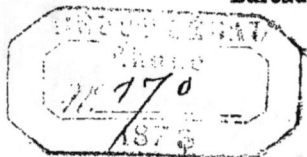

LYON. — IMPR. DE V^e FR. LÉPAGNEZ ET H. MAZIER, PET. RUE DE CUIRE, 10.

GOUVERNEMENT PERPÉTUEL

ET

CONCILIATION OU FUSION GÉNÉRALE

Le seul moyen d'éviter présentement surtout, et plus tard également, toute guerre civile, est, sans contredit, le maintien de la République. C'est aussi de tous les gouvernements celui qui, une fois établi sur des bases solides et convenables, serait le plus apte à assurer le calme et la prospérité de l'avenir. Mais pour obtenir un résultat aussi heureux, il est tout d'abord indispensable d'anéantir, satisfaire ou éteindre tous les autres partis.

Pour atteindre ce but, le seul moyen possible, équitable et conforme à la devise républicaine (liberté, égalité), est celui de la fusion ou conciliation des divers partis, de façon à ce qu'ils n'en forment plus qu'un seul et deviennent ainsi tous solidaires envers la nation.

Cette condition est des plus faciles à remplir, la

forme de gouvernement la plus nationale et la plus apte à éviter l'arbitraire, étant la forme consulaire républicaine, basée sur le suffrage universel. Néanmoins, pour que ce gouvernement ait toutes les perfections voulues, il faut qu'il soit établi et constitué de manière à *éviter toute interruption ou cessation brusque du pouvoir,* cause primitive de tout désordre, et germe inévitable de toute guerre civile et révolution sanglante, toujours prêtes à éclater à tout instant, suscitées qu'elles sont par les intrigues et les conspirations, résultant de la multiplicité et de la division des partis qui, en résumé, n'ont d'autre but que d'arriver au pouvoir, où ils ne peuvent manquer ainsi de se succéder le plus rapidement possible. Et certes, un tel état de chose est loin d'être fait pour laisser au chef de l'Etat le calme d'esprit et le temps nécessaires pour méditer et rectifier les institutions et améliorer le sort des populations, si toutefois il en avait l'intention.

Mais encore, et à part ce grave inconvénient qui paralyse et arrête tout progrès et nuit ainsi à la prospérité du pays, tout gouvernement existant, et cela quel qu'il soit, est-il obligé, pour se maintenir dans un équilibre passable, d'avoir recours à un déploiement de police politique et souvent de force armée immense, toujours doublement ruineux pour le pays, par l'impuissance relative et finale à conserver le calme intérieur, les autres partis parvenant peu à peu, chacun de leur côté, à renverser celui en place; et comme il va sans dire que chaque incident, trouble ou émeute sont autant de causes de ruine pour le négoce et les intérêts privés en général, l'industrie nationale arrive à s'expatrier ainsi peu à peu, les puissances rivales étant toujours prêtes à exploiter à leur profit toutes nos dissensions, que bien souvent elles suscitent elles-mêmes dans ce seul but.

Mais, revenant à la double condition précitée, celle de *la conciliation des partis et la continuation constante ou perpétuelle du pouvoir*, elle est des plus faciles à résoudre.

En effet, il suffirait pour cela que les électeurs ou leurs représentants nomment par le vote plusieurs consuls, sept par exemple, MAIS *pour ne devoir occuper que trois années seulement leur poste respectif, lequel poste serait héréditaire ou transmissible, non de père en fils, mais bien de consul à consul par rang d'ordre*, c'est-à-dire que le second consul remplacerait le premier; puis le troisième le second, et ainsi de suite jusqu'au septième.

Ces rangs ou numéros d'ordre seraient indiqués par le tirage au sort une première et unique fois, lors de l'institution de ce nouveau système de gouvernement; car, par la suite, ils se trouveraient de l'être naturellement, le consul sortant étant remplacé immédiatement, constamment et successivement par les suivants. En un mot, les consuls n'auraient, à chaque vide nouveau, qu'à serrer les rangs nominativement, d'une manière régulière, pour connaître à chaque fois leur nouveau numéro d'ordre.

Le consul manquant, qui serait toujours par le fait le septième, tandis que celui sortant serait toujours aussi le premier, devrait être remplacé, quelques jours avant l'expiration des trois ans, par le suffrage universel, qui n'aurait alors qu'à faire un choix parmi les candidats désignés par la renommée.

C'est ainsi qu'à toutes les périodes triennales, pareil

vote devrait avoir lieu pour remplacer le consul sortant, lequel ne pourrait, afin d'éviter toute influence
ou pression personnelle de sa part sur ses collègues,
être rééligible qu'après une période de trois ans, et
encore mieux vaudrait-il qu'il ne le fût pas du tout.

Les consuls devant être tous égaux en droits, titres
et pouvoirs, devraient tous également avoir rang et
qualité de prince (système qui aurait l'avantage de
rendre des princes républicains et des républicains
princes), leur numéro d'ordre, simplement noté sur
un registre *ad hoc*, n'ayant d'autre but que celui
d'établir, d'une façon régulière et mathématique,
pour ainsi dire, l'entrée et la sortie au gouvernement de chacun d'eux. Dans les promenades, ou
mieux allées et venues des consuls vaquant à leurs
occupations, s'il y avait acclamation de la part de la
foule, ce devrait être, à moins qu'il n'y en ait qu'un
seul, d'une manière générale et sans désignation particulière, afin d'éviter toute jalousie et animosité entre
les consuls. Dans le cas contraire, les cris seraient
considérés comme séditieux, par leur intention ou la
possibilité de susciter le trouble et le désordre parmi
la foule, et en conséquence réprimés le plus habile-
ment et le plus adroitement possible.

Pour ce qui est des numéros d'ordre, on pourrait,
jusqu'à un certain point, en éviter l'emploi et s'en
passer, en fixant en ce cas alors, tous les trois ans par
le tirage au sort, et seulement au moment, le consul
sortant.

Mais comme par ce procédé il pourrait se faire que
le consul désigné ainsi par le sort, soit également
aussi le même que le suffrage universel aurait désigné,
seulement trois ou six ans auparavant, la durée du

pouvoir n'étant alors plus égale, ce système deviendrait ainsi mauvais, car tel consul resterait indéfiniment en place, tandis qu'un autre n'y séjournerait au plus qu'une ou deux périodes triennales, inconvénient qui n'a pas lieu par mon système de gouvernement perpétuel, dont le fonctionnement, après sa première période de vingt-un ans accomplis, serait automatique. En effet, chaque consul se trouverait alors devoir rester au pouvoir ce même laps de temps, c'est-à-dire vingt-un ans ou la vie utile et active d'un homme d'Etat.

Si l'on voulait élever ce maximum de durée à trente années, par exemple, il suffirait d'augmenter de trois le nombre des sept consuls, ce qui porterait le total à dix (1). Pourtant il vaudrait mieux en ce cas ajouter simplement trois sous-consuls ou consuls supplémentaires, ce qui permettrait en même temps de parer plus facilement à toute éventualité ou cas imprévu, tels que mort, maladie, démission, etc., les sous-consuls n'ayant alors qu'à remplir par intérim, en cas de maladie, les fonctions des consuls absents ou, dans les autres circonstances, qu'à serrer les rangs au fur et à mesure, comme il a été dit plus haut, celui manquant alors ou autrement dit le troisième sous-consul ou dixième consul en total, étant immédiatement remplacé par le suffrage universel.

Dans le cas de plusieurs démissions successives, la suivante ne pourrait être acceptée qu'à la condition expresse qu'elle ne soit donnée que trois mois au

_____

(1) Outre que les nombres sept et trois ont à leur avantage des préjugés heureux, ils sont de plus par leur réunion l'application du système métrique.

moins après la précédente, à défaut de quoi, elle serait refusée et considérée de fait comme nulle et non avenue, et son auteur resterait responsable devant la nation.

Mais enfin, quel que soit le nombre de consuls adopté, l'on éviterait ainsi à chaque fois, par ce système de renouvellement triennal unitaire ou immédiat pour les autres cas, toute interruption brusque de pouvoir ou direction gouvernementale, ce qui, non-seulement permettrait de profiter constamment de l'expérience acquise ou habitude de gouverner dans les meilleures conditions possibles, mais encore de tous les avantages qui résultent d'une paix intérieure durable basée sur l'ordre et l'équité, tout en arrivant ainsi à saper par la base tout germe de guerre civile, cette guerre fratricide, dont le résultat est toujours, à chaque fois, le deuil, la désolation et la ruine du pays, tout en devenant pour plus tard un nouveau levain de discorde et restant à jamais un souvenir de vengeance.

Mais je reprends et continue. Les actes des consuls devraient être soumis au Corps législatif et au Sénat pour être discutés, modifiés, approuvés ou réfutés par eux (1).

_____

(1) Le titre de sénateur serait honorifique. Bien des gens, il est vrai, ne veulent pas plus de sénateurs que d'autres dignitaires, maréchaux, cardinaux, etc. C'est un tort, car le Français sans gloire est un corps sans âme, et tout gouvernement sans honneurs et sans titres ne saurait être durable. Il faut à la France une République digne de son antique splendeur, c'est-à-dire noble et grande. Et puis aussi n'est-il pas juste, en effet, d'accorder à la légitime ambition du talent, du mérite, de l'héroïsme ou du dévouement, la récompense et la satisfaction qui lui sont dues, à

Pour faciliter la tâche des consuls et faire bénéficier la patrie le plus possible de leurs aptitudes dans la gestion des affaires publiques, ils devraient s'occuper plus spécialement de celles concernant leur profession ou leur vocation naturelle, sans pourtant remplir les fonctions de ministre, mais bien comme surveillance ou direction générale. C'est ainsi que tel consul s'occuperait plus particulièrement de l'armée, tel autre de la marine, et ainsi du commerce, des finances, etc., leur apportant ainsi un concours éclairé.

Les mésaccords des consuls seraient jugés d'abord entre eux et par eux à la majorité de leurs voix, le consul le plus âgé remplissant les fonctions de président; mais à défaut de réussir à s'entendre, il serait nommé par le vote, par les députés ou les sénateurs, et choisie parmi eux une commission pour prononcer sur les différends qui diviseraient l'opinion des consuls, car tous leurs actes devraient porter la signature géné-

---

moins pourtant préférer faire des mécontents ou encore s'exposer à arrêter l'élan du courage, de l'intelligence ou du génie, ou pire parfois, les expatrier ; car, le plus souvent, bien loin d'être récompensés, ils ne peuvent même parvenir à se faire entendre, et quelques-uns, en désespoir de cause, vont jusqu'à offrir leur épée à l'étranger (major Martin, des Indes, etc.) ; d'autres, poussant quelquefois le dépit jusqu'à la haine, vont jusqu'à la trahison, surtout s'ils y trouvent quelque avantage (Moreau, etc., et peut-être Bazaine, qui sans doute aurait conservé Metz, cette clef de la dernière guerre, si son ambition avait eu l'espoir d'arriver au pouvoir suprême par les services rendus à la patrie). — (Ces exemples sont mal choisis sans doute, mon ignorance de l'histoire ne me permettant pas d'en citer de plus directs et de plus en rapport, mais ils ne doivent pas être rares, et quelqu'un d'érudit pourrait en citer un grand nombre). Ou bien, s'agit-il de savants, ils vont enrichir des ressources de leurs inventions et des trésors de leurs découvertes, nos heureux rivaux (Christophe Colomb, Fulton et tant d'autres).

rale annotée de leur signature particulière ; celle-ci seule ne pouvant avoir, en aucun cas, force de loi ou décret, et ne devant simplement qu'indiquer leurs propositions et actes personnels. Dans le cas où l'éloignement force-rait les consuls d'agir séparément, ils devraient, pour éviter tout double emploi et contreverse, se faire passer avant exécution, lorsqu'il y aurait possibilité matérielle, leurs décisions mutuelles, lesquelles toutefois reste-raient provisoires, tout en ayant néanmoins force de loi, jusqu'à révocation ou ratification générale.

Comme traitement ou émoluments, les consuls au-raient chacun le même appointement, soit au minimum cent mille francs, et au maximum un million, et comme retraite annuelle, dix mille francs chacun au moins, et vingt-cinq mille francs au plus. Il va sans dire que tous les frais de soirées, réceptions, bals, etc., seraient entièrement à leur charge personnelle.

Enfin, pour maintenir ce gouvernement dans un équilibre constant et prévenir ou éviter que l'un des consuls ne s'empare du pouvoir absolu en renversant ses collègues, celui des consuls qui en agirait ainsi serait déclaré de fait traître à la patrie, et comme tel, sa tête mise à prix. Les citoyens qui accompliraient cette sainte mission ne seraient point considérés comme assassins, mais bien comme héros ou martyrs, suivant le cas, et il leur serait élevé en conséquence une statue, pourvu toutefois que leur vie soit sans tache ; dans le cas contraire, et s'il s'agissait par exemple d'un repris de justice, il lui serait alloué une somme ronde. Puis pour que nul n'ignore la décision qui précède, le résumé en serait inscrit sous forme de serment à accomplir dans la prière des enfants, et afin que les hommes, eux aussi, le sachent, il leur en serait

remis copie le jour du tirage au sort, ou à leur majorité.
Enfin, toutes les années, l'armée et les fonctionnaires
publics devraient jurer de s'y conformer.

Comme consuls et consuls supplémentaires, l'on
pourrait nommer, je crois :

MM. Thiers.	Chambord.
D'Aumale.	Garibaldi.
Joinville.	Jules Favre.
Mac-Mahon.	Victor Hugo.
Gambetta.	Un Bonaparte (excepté

toutefois Napoléon III, comme ayant déjà régné). [1]

Il va sans dire que l'on pourrait modifier ces noms,
cités au hasard et simplement pour donner une idée de
ma pensée, dont le seul but politique est de cher-
cher à assurer la tranquillité et la prospérité du pays,
croyant l'amener par la solution du double problème
actuel et duquel dépend tout l'avenir de la France :

---

[1] Au moment où je corrige l'épreuve de cette notice, la mort
de l'ex-empereur est un fait certain, mais néanmoins il ne faudrait
pas croire que le parti bonapartiste soit à jamais renversé ; et quoi-
qu'il perde ainsi la moitié de sa force, il lui reste, pour en sauvegar-
der les débris, la gloire de Napoléon Ier et les sympathies qu'inspira
généralement l'ex-impératrice, et enfin le manque d'hostilité qu'il
serait injuste d'avoir envers un enfant. Aussi, malgré la mort de
Napoléon III, mon système de fusion générale est-il encore néces-
saire, non vis-à-vis de l'impératrice et du petit prince, attendu
que les femmes ne règnent pas en France et que le jeune Bonaparte est encore mineur, mais du moins en faveur de l'un des
leurs, soit pour satisfaire ce parti que ces dernières années de revers
n'ont point complètement éteint et renversé, soit aussi surtout
pour couper court aux intrigues que ne manquerait pas plus tard
de fomenter le petit prince devenu homme, ou ses partisans, si
l'accès au pouvoir lui était complètement interdit, ce qui ne saurait avoir lieu par mon système.

1° *La fusion ou conciliation et solidarité de tous les partis envers la nation ;*

2° *Le calme politique par la non interruption du pouvoir, tont en conservant l'expérience acquise.*

En résumé, dans la liste qui précède, l'essentiel et l'indispensable, c'est que les hauts personnages qui doivent y figurer soient choisis parmi les représentants directs de tous les partis, ou, à défaut, dans leurs sommités les plus illustres, l'impérialisme ou bonapartisme y compris.

Plusieurs personnes sans doute penseront que dans le choix des sommités désignées au suffrage universel pour être élues chefs d'Etat, plusieurs ne voudraient accepter en aucune façon un pouvoir collectif.

Cela n'est, je crois, guère admissible, car, en prenant le passé pour base, il est facile de se rendre compte que si, par exemple, ceux que j'ai eu l'honneur de désigner de préférence à tout hasard, ont précédemment déjà accepté, après avoir quémandé au vote la pluralité des voix, le simple titre de représentant, et cela avec plus de 700 collègues et tout en ayant été antérieurement le premier plusieurs fois ministre ; d'autres, princes du sang ou prétendants et héritiers présomptifs du trône, du moins d'après les préjugés admis par un grand nombre ; le suivant, illustre général, malgré que son arme soit l'épée et non la parole (1), puis l'ex-dictateur, ensuite le citoyen

---

(1) Mais, hélas ! cela tient au pays. Pour être quelque chose en France, il faut absolument, bon gré mal gré, être avocat et orateur.

Chez nos vainqueurs, quelle différence : l'un est simplement général, l'autre ministre, et très-peu avocats.

patriote universel, et enfin les deux rois de la poésie et du barreau.

Oui, si tous ces hommes illustres ont accepté, dis-je, malgré la supériorité de leur position, le simple titre de député au Corps législatif qui n'est qu'une ombre infime du pouvoir, comment, à plus forte raison, hésiteraient-ils à s'élever jusqu'au grade suprême de chef d'État, dussent-ils en pareil cas, de même qu'à l'Assemblée, n'avoir qu'une fraction plus ou moins grande du pouvoir et le partager ainsi de compte à demi avec leurs éminents compétiteurs et collègues, tous élus et consacrés par la même, grande et solennelle voix de la nation française.

Mais, supposons un instant que ceux désignés pour être nommés consuls refusent d'accepter ce titre; la question n'en saurait néanmoins être difficile à résoudre.

En effet, s'agirait-il du refus de simples, quoique illustres particuliers, le problème se résoudrait alors de lui-même, ces honorables devant rester après, purement et simplement, socialement et politiquement parlant, ce qu'ils étaient avant.

Mais, au contraire, s'il s'agissait du refus de l'un des princes ou de ceux qui par l'usurpation de leurs ancêtres se croient des droits au trône de France, il ne pourrait point raisonnablement en être de même, attendu que les conséquences qui devraient en ce cas en résulter seraient des plus graves.

Aussi, ce cas échéant, il serait alors inévitable d'aviser par une loi, laquelle serait faite et rédigée, pour cette circonstance exceptionnelle, par ceux des consuls ayant accepté le titre collectif de chef d'État.

Cette loi devrait être conçue en ce sens, déclarant et décrétant que :

Attendu que les princes ou autres héritiers de la couronne, ou du moins admis comme tels par certains préjugés, n'ayant point voulu se rendre au vœu de la nation, laquelle, dans sa généreuse sagesse, avait décidé, afin de supprimer à l'avenir toute cause d'émeute et de discorde politique, de vouloir bien satisfaire, dans une juste limite, l'ambition de chaque dynastie, en conférant à l'un de ses membres ou l'un de ses représentants le plus direct, le pouvoir, de concert avec ceux qu'elle aurait également considérés en même temps dignes de l'honneur de la gouverner.

Mais, attendu que ce refus des princes ou prétendants ne saurait point donner le change sur leurs intentions etêtre considéré comme un simple désintéressement et abnégation de leur part (1) ou même encore qu'étant supposé et admis comme tel, ce qui, tout en méritant relativement des éloges, ne saurait néanmoins empêcher qu'ils restassent lors même un drapeau de ralliement pour leurs partisans et par suite, quoique involontairement, un ferment de trouble et d'émeute que leur devoir de bon Français leur interdit et défend expressément, ne leur laissant même point en ce cas, sans y contrevenir, la latitude ou faculté de refuser le pouvoir, fût-il collectif, et dussent-ils, même volontairement, à la rigueur, n'y remplir qu'un rôle des plus passifs.

L'on pourrait encore, à bien dire, objecter que,

---

(1) La demande de restitution, plus ou moins contestable, de leurs biens à la France ruinée, établit d'une façon péremptoire la preuve du contraire.

malgré que les princes et prétendants désignés par la
voix générale aient accepté le pouvoir tel que la nation aurait décidé de leur l'offrir, que ceux de leurs
héritiers dynastiques plus ou moins rapprochés de la
succession directe, royale ou impériale, n'ayant pas
été, par une possibilité matérielle qui serait, du reste,
bien plus grande encore sous une monarchie ou un
empire, attendu qu'en ce cas il n'y aurait place que
pour l'un d'eux, vu l'unité du pouvoir; que ceux, dis-
je, qui n'auraient pas été compris dans la liste des
élus de ces mêmes dynasties, restent ainsi toujours
de fait pour leurs partisans un centre ou point de
ralliement.

Cela n'étant pas d'abord théoriquement rationnel,
est plus que douteux, en temps que chaque parti se
trouverait de fait en réalité satisfait par le pouvoir
conféré à son représentant le plus direct, ayant au
moins atteint l'âge majeur (1), autrement dit, le premier admis par eux en tête de la liste de succession
au trône, ce qui imposerait ainsi silence aux autres,
en rendant, théoriquement du moins, impossibles
les prétentions des suivants qui ne seraient alors
nullement fondées et basées sur aucun prétexte plau-
sible, et n'auraient en conséquence plus lieu d'exister,
leurs droits au trône se trouvant ainsi complètement
annulés au moins momentanément, vu que la légitimité
de ces mêmes droits ne devrait commencer, en réa-

---

(1) En cas de minorité du représentant dynastique le plus direct,
et vu qu'il n'aurait pas l'âge de régner et gouverner autrement que
sous la tutelle d'un régent ou d'une régente, le tour appartiendrait
de plein droit au suivant ayant âge majeur et le plus rapproché
par ordre généalogique.

lité, à prendre date en principe, et cela tout en se basant sur les préjugés politiques du droit divin (nom donné à l'ambition princière et héréditaire d'un trône), qu'après la mort ou extinction de celui des leurs qui était avant eux l'héritier le plus direct de cette même branche dynastique au trône de France.

Mais, pour tout prévoir, admettons lors même l'audace en pareil cas de ces prétendants secondaires, et concluons, pour équilibrer de suite cette situation, que l'opinion publique, non seulement ne se trouverait plus avec eux, mais leur serait en outre complètement hostile, de même aussi que le nombre de leurs partisans serait des plus restreint, et que enfin, ce ne serait plus, somme toute, que de simples et vulgaires conspirateurs passibles d'être punis comme tels par les lois existantes, et indignes de toute pitié.

Mais maintenant que la meilleure intention comme prétexte du refus en question a été admise et discutée, ainsi que l'éventualité probable qui précède, il devient rationnel de supposer et d'admettre aussi que ledit refus du pouvoir collectif a été dicté par la plus mauvaise intention ou le mobile le moins bon, arrière-pensée d'égoïsme et de cupidité, cela d'autant plus admissible que malheureusement l'esprit humain est de préférence enclin à l'intérêt et à l'orgueil.

Cette hypothèse étant admise, ce fameux refus des princes d'accepter un pouvoir aussi grand et à coup sûr aussi honorable, ne serait en ce cas bien réellement qu'un prétexte ou fin de non-recevoir pour cacher leur ambitieuse convoitise du pouvoir unique et absolu, convoitise que tôt ou tard ils s'empresseraient de satisfaire, saisissant le moment le plus favorable, occasion qu'ils ne manqueraient point, à la rigueur, de faire naître et de préparer au besoin, mais toujours toutefois dans les deux cas, aux dépens du repos de la nation, qui n'aurait, en conséquence, désormais plus lieu d'être tranquille, ayant à veiller à chaque instant et à se tenir en garde à toute minute contre les menées ténébreuses (vexations commerciales, grèves, révoltes, injustices, accaparations et disette, augmentation de matières premières et combustibles, crises financières, diminution des moyens de transport, presses vendues, sermons achetés, conspirations, meurtres, incendies, tolérance de toutes les infamies et de toutes les iniquités par certains fonctionnaires publics d'un parti opposé, ou soudoyés à cet effet, etc.) (1) ; toutes menées suscitées sous prétexte d'hérédité par ces ferments de discorde dont tout le désir et le seul but est d'arriver à leurs fins, n'importe par quels moyens, et dussent-ils, pour monter jusqu'au trône, marcher sur des cadavres.

Mais reprenant et continuant ladite loi, elle devrait déclarer aussi, vu ce qui précède :

Que, enfin, attendu qu'une telle source de maux si variables et si incalculables dans leurs funestes résultats et toujours prêts à fondre sur la France, ne saurait sciemment exister au vu et su de tout un peuple intelligent et éclairé, et que ladite cause ou source de tant de malheurs étant prévue, elle devrait, de toute rigueur, dans l'intérêt général de la nation française, être complètement et radicalement supprimée.

Que, en conséquence, vu cela et que le but et la

---

(1) Ne pas confondre, si toutefois il y avait lieu, le passé avec l'avenir, attendu qu'en cette circonstance, il n'est question que de ce dernier, ce que le langage, au futur, exprime suffisamment.

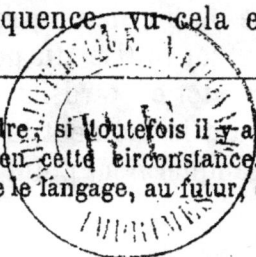

mission de ladite loi étant non seulement de sauvegar-
der le calme et la tranquillité, mais encore de veiller et
d'assurer la sécurité de tous, elle condamne, vu ces
motifs, les princes et prétendants ayant refusé le pouvoir collectif, à être fusillés (1), attendu qu'il n'y a
nullement à hésiter entre la sécurité et l'avenir de
tout un peuple et la vie d'un homme, et cela d'autant
plus que le crime du ou des refusants en ces circonstances serait bien en réalité de fait à plusieurs et di-
verses époques plus ou moins rapprochées, celui de
l'homicide volontaire (2) d'une foule d'honnêtes gens
qui, inévitablement, ne manqueraient pas de s'entr'é-
gorger tôt ou tard sur les barricades, ces cataractes
de sang humain et ces hécatombes fraternelles, du-
rant les longues heures de ces tristes guerres civiles,
suscitées presque toujours par des prétendants cupi-
des, orgueilleux et irascibles, ou, à défaut du moins,
par leurs partisans, mais cela toutefois à leur profit,
eux servant de chef de file ou de drapeau de ralliement
et étant constamment prêts à prendre ou à accepter,
suivant le cas, des mains de l'intrigue teintes du sang
national, ce pouvoir qu'ils enviaient et convoitaient
depuis longtemps, renouvelant ainsi l'usurpation de
leurs ancêtres, mais cette fois sans aucune excuse ;
attendu que la nation avait eu la générosité de leur
offrir le pouvoir suprême et qu'ils lui avaient fait
l'affront de refuser, préférant sacrifier ainsi sa tranquillité et sa prospérité et rester des levains de trouble

---

(1) Le dire est rendre impossible la triste nécessité de le faire.
(2) Crime puni de mort par l'un des articles du Code français,
réserve faite bien entendu des cas de légitime défense.

et de discorde, de ruine et de désolation, pour courir
la chance de satisfaire leur ambition le plus prompte-
ment possible.

Mais je reprends et continue le sujet antérieur. Il
ne serait pourtant pas, à la rigueur, indispensable
que parmi les noms désignés au pouvoir, figurassent
ceux des Bourbons, Orléans et Bonaparte, cela ne pouvant empêcher nullement, malgré que les intrigues et
les conspirations des divers partis y susciteraient de
grandes entraves, le fonctionnement du gouvernement
perpétuel que j'indique, et dont l'idée et la solution
sont tout-à-fait distinctes de l'autre question, la fusion
politique des prétendants au trône et leur solidarité
envers le peuple français.

Cette forme de gouvernement, je l'avais du reste
imaginée ou innovée en septembre 1870 dans le but
de repousser plus facilement l'invasion par la fixité
du pouvoir, tout en rendant plus tard, par sa non interruption, toute guerre civile impossible. En effet, en
établissant alors un gouvernement qui, tout en étant
provisoire, puisse sans interruption devenir définitif,
l'on aurait de suite, par cette homogénéité du pouvoir,
imposé momentanément silence à tous les partis, ce qui
aurait donné à la direction générale des affaires une
force qu'elle ne pouvait avoir sans cela ; car l'organi-
sation, complètement provisoire du gouvernement
de la défense nationale, étant de fait le démembrement moral de la France, cela en facilitait singulière-
ment le démembrement territorial à nos ennemis.

La réalité n'a que trop confirmé ces tristes prévi-
sions dont la cause primitive, il est vrai, était anté-
rieure et provenait principalement du désordre gou-
vernemental et surtout du manque de sévérité à répri-

mer tous les abus (1). La preuve de cette funeste réa-
lisation, nul ne l'ignore, est tout entière, d'une part,
dans l'abandon de l'Alsace et de la Lorraine, et de l'autre, dans la terrible guerre civile ayant nom Commune.

Mais je reprends et continue. L'idée d'un gouvernement perpétuel faisant l'objet principal de cet écrit,
étant distincte de la fusion ou conciliation politique,
rien n'empêcherait, à la rigueur, de ne nommer au
pouvoir qu'un seul parti; mais l'autre problème, déjà
cité, la fusion politique, dont le résultat direct serait
de rendre tous les partis solidaires envers la nation,
restant à résoudre, il en résulterait inévitablement
des causes de discordes les plus regrettables; de
plus, ce problème étant le corollaire du précédent,
l'un complétant l'autre de fait, l'on ne saurait trouver
vraiment meilleure occasion pour les appliquer et
les mettre en vigueur tous les deux à la fois.

Aussi l'on peut dire, je crois, sans exagération,
que du salut de la République dans les conditions de
conciliation que j'indique, dépend aussi le salut et
l'avenir de la France, et pour bien s'en rendre compte,
il suffit de jeter un coup d'œil en arrière, et de voir la
multiplicité et la diversité des gouvernements tombés
depuis moins d'un siècle, chute dont le résultat le
plus immédiat fut presque toujours la ruine et souvent la désolation de la France; tout en étant pour
nos heureux et paisibles rivaux, une somme relative
de prospérité, en transportant peu à peu en grande
partie chez eux notre négoce et notre industrie.

---

(1) Napoléon III, en disant : « de l'ordre, j'en réponds, » confon-
dait autour avec alentour. C'était du calme et de la tranquillité
intérieure dont il voulait parler.

Enfin, somme toute, en ce qui concerne le choix des hommes éminents à élire, personne, et par conséquent moi encore bien moins qui ne connais rien en politique, ne saurait, dis-je, les fixer d'avance, attendu que la nation en a seule le droit et qu'elle devrait être consultée à cet effet et en décider par le suffrage universel.

Mais laissant toutes ces considérations de côté, ce nouveau système de gouvernement, qui n'est autre, comme je l'ai déjà dénommé, qu'un gouvernement perpétuel, se trouve aussi, tout en étant la République impérissable ou immortelle, d'être, ni plus ni moins, la solution du problème de la grande Révolution ou le gouvernement de tous par tous et pour tous, les consuls personnifiant et résumant la représentation nationale tout en perpétuant le pouvoir.

Le gouvernement perpétuel a aussi l'avantage, tel que je l'ai déjà indiqué, de saper par la base tout germe de guerre civile en évitant ou supprimant toute interruption ou cessation brusque du pouvoir, chose impossible sous tout autre régime, qu'il se nomme République présidentielle (1), République consulaire

---

(1) La démission du Président de la République, ces derniers temps, et même la moindre altération de sa santé (cette dernière cause inévitable et permanente sous tout régime d'un chef unique), est une preuve irréfutable du trouble que peut produire même la seule crainte d'un changement de gouvernement. En effet, à cette nouvelle, quelle ne fut pas alors l'angoisse générale, le négoce s'arrêta, le taux des actions baissa et le commerce devint chancelant.

En Amérique même où la présidence est le gouvernement primitif et habituel, quel chaos ne résulte-t-il pas, à chaque élection, des intrigues du vote, lesquelles ont bien plus de force en présence d'un chef tombant, qu'en face d'un pouvoir restant debout dans toute sa force, tel que cela aurait lieu par l'application de mon système de gouvernement perpétuel.

ancienne (1), et surtout Empire et Monarchie. Ces deux derniers ayant, en outre, l'inconvénient et la possibilité de transmettre, vu leur système héréditaire, le pouvoir à un souverain paresseux, dissipé, incapable ou cruel (Charles VII, Charles IX, Louis XI, Louis XV, etc.) ou que la maladie peut rendre pire encore (Charles VI). Laissant alors le royaume en pareil cas, de même aussi lorsqu'il s'agit d'une Régence, à la merci de l'intriguant ou du favori le plus influent et le plus rapproché du trône, tels que les Maires du palais, les Mazarin, les Richelieu ; mais malheureusement le plus souvent bien au dessous de ceux-là, les Isabeau de Bavière, les Dubois, etc., ou encore de quelques célèbres catins, les Pompadour, les Dubarry et autres.

Ce système désastreux qui a conduit tant de fois la France à deux doigts de sa perte par des chemins ténébreux et honteux, ne saurait pouvoir se renouveler dorénavant, car, somme toute, les Français n'en étant point cause, il est injuste qu'ils en supportent les conséquences, à moins toutefois que ce soit en punition de leur indifférence à ne pas veiller convenablement à leurs intérêts et à ceux plus sacrés encore des générations futures.

Enfin, le gouvernement républicain perpétuel est

---

(1) Par la nomination des consuls pour une durée égale au pouvoir, ainsi que la suprématie de l'un d'eux sur ses collègues, accrue parfois par sa prorogation à vie au consulat, et quoique dans cette dernière hypothèse ce gouvernement puisse alors conserver et transmettre, ainsi que par mon système, l'expérience acquise, la république consulaire ancienne n'en reste pas moins placée, par l'arbitraire résultant de la prépondérance constante de l'un des consuls et la cessation brusque du pouvoir, lorsqu'il y a durée consulaire égale, au même rang, dis-je, qu'une présidence, une monarchie, etc.

celui des âges à venir ; car tout en n'étant plus soumis
aux caprices de la vertu ou des vices d'un seul chef,
il est, *en conservant et transmettant régulièrement à
chaque instant l'expérience acquise*, le seul capable
d'assurer et perpétuer le calme parfait ou l'ordre joint
à la liberté, et l'égalité à la grandeur ; en un mot, la
prospérité au bien-être, terre promise où toute nation
ne saurait être conduite et maintenue indéfiniment par
un président, régent, consul, roi ou empereur, car,
réserve faite de l'arbitraire, quelque parfaits qu'ils
puissent être, ils sont chacun mortel, d'où il résulte
à chaque fois une interruption de pouvoir, toujours
suivie inévitablement d'une confusion plus ou moins
grande et qui, sans être constamment pour la nation
un abîme, la jette du moins dans une perturbation
des plus préjudiciables à tous ses intérêts, lesquels
ne reprennent leur équilibre et leur essor que lente-
ment et au fur et à mesure que l'expérience et l'apprentissage (1), qui a toujours lieu ainsi aux dépens
de la nation, donnent au nouveau chef d'État l'habitude de gouverner, ou encore, et le pire, le temps
et la possibilité de terrasser momentanément les partisans de ses adversaires, lesquels ne tardent point à
leur tour de prendre leur revanche, et ainsi de suite, en
s'échafaudant chaque fois sur les ruines de la nation.

---

(1) Apprentissage rendu souvent des plus difficiles par l'apathie
du ministère du système déchu, ce qui, en nécessitant le changement des ministres, place ainsi doublement et complètement, d'un
seul coup, la nation dans des mains inexpérimentées, ce qui n'est
certes pas le moyen de la mener à bon port, attendu qu'habituelle-
ment, pour éviter qu'un vaisseau ne sombre en route, l'on choisit
toujours pour pilote un marin expérimenté et connaissant par cœur
les passes difficiles et les récifs.

En un mot, tout chef de dynastie meurt, tandis qu'un système et un principe sont immortels. De même un État peut sombrer et le principe lui survivre, et si la France devait passer, la République, ainsi organisée, traverserait les siècles.

Enfin, le gouvernement perpétuel est aussi l'apogée du mot égalité, autrement dit l'application du droit divin, dans son sens digne de la majesté de l'Être suprême, car la nature nous créant tous de même, nous devons tous être égaux. Et s'il est possible de dire que tout soldat a dans son sac le bâton de maréchal de France, il faut aussi désormais que l'on puisse ajouter que tout enfant a au chevet de son berceau le sceptre du Pouvoir !

Pour le choix de nos chefs, si une préférence nous est permise, ce ne doit être que pour l'accorder, autant que possible et cela en toute justice, au mérite, au talent, à l'esprit, au courage, au génie ; en un mot, au travail, à la bravoure, à la franchise et à la loyauté, et non au hasard, au crime ou à l'intrigue.

De plus, par le système républicain, les peuples ne sauraient plus être désormais d'immenses troupeaux, et la France une vaste métairie, où hommes et bestiaux se trouvent confondus dans l'héritage et l'apanage des familles princières royales et impériales.

En résumé, le gouvernement perpétuel est le seul capable, que l'on ne s'y trompe point, de sauver le présent, tout en assurant à nos contemporains le calme et la prospérité, et préparant à nos fils et à nos neveux un avenir de bonheur et de gloire !

Lyon, le 25 décembre 1872.

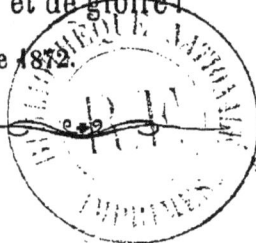

www.ingramcontent.com/pod-product-compliance
Lightning Source LLC
Chambersburg PA
CBHW070747280326
41934CB00011B/2826